Divertido Moda y Estilos Frescos
Libro para Colorear para Niñas

Young Scholar

Young Scholar
An imprint of Ciparum LLC

Divertido Moda y Estilos Frescos Libro para Colorear para Niñas
© 2017 Ciparum LLC
All rights reserved.
ISBN-10:1-63589-306-2
ISBN-13:978-1-63589-306-9

www.youngscholar.co

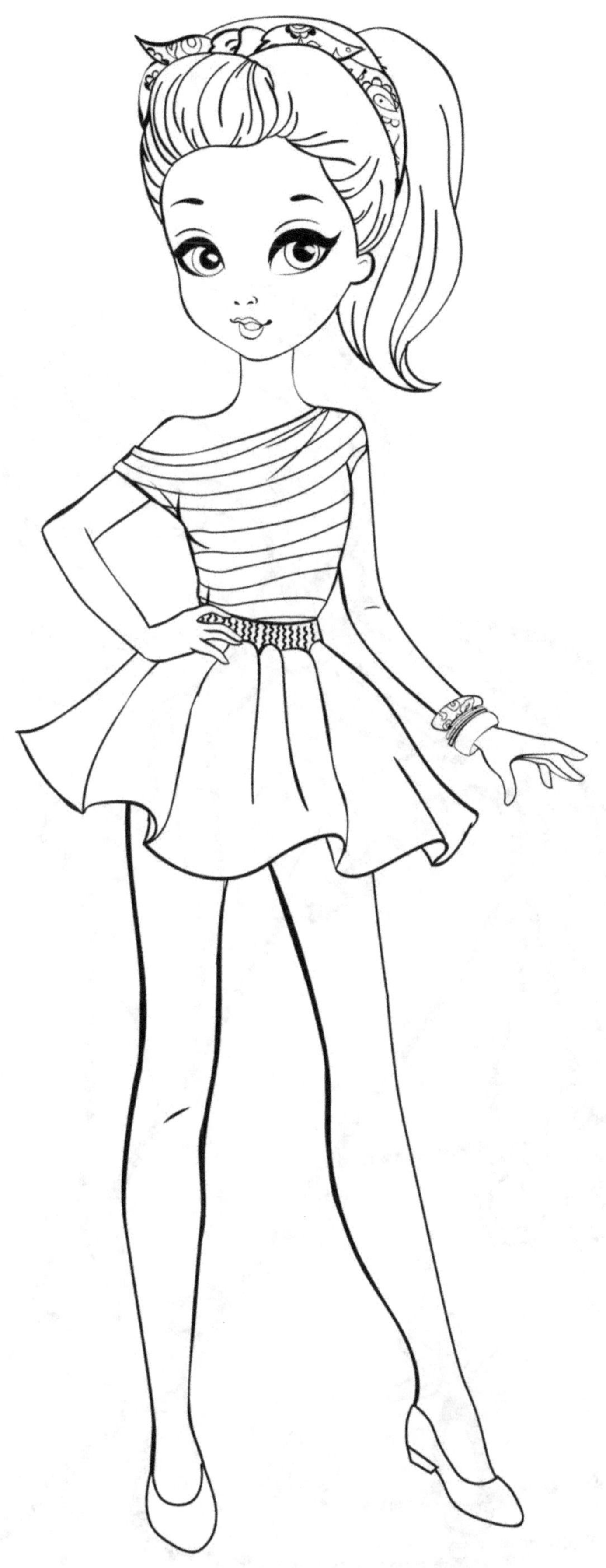

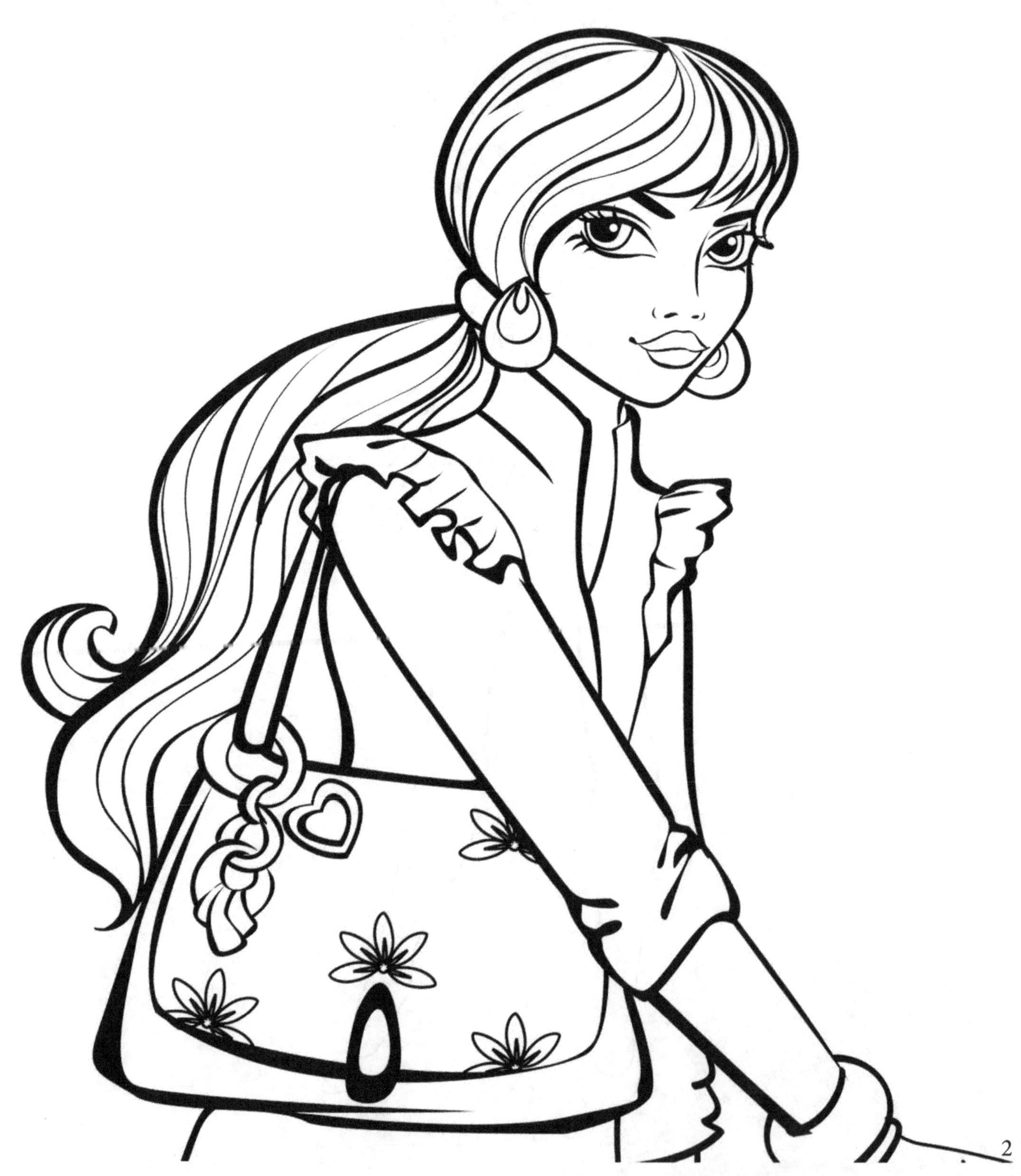

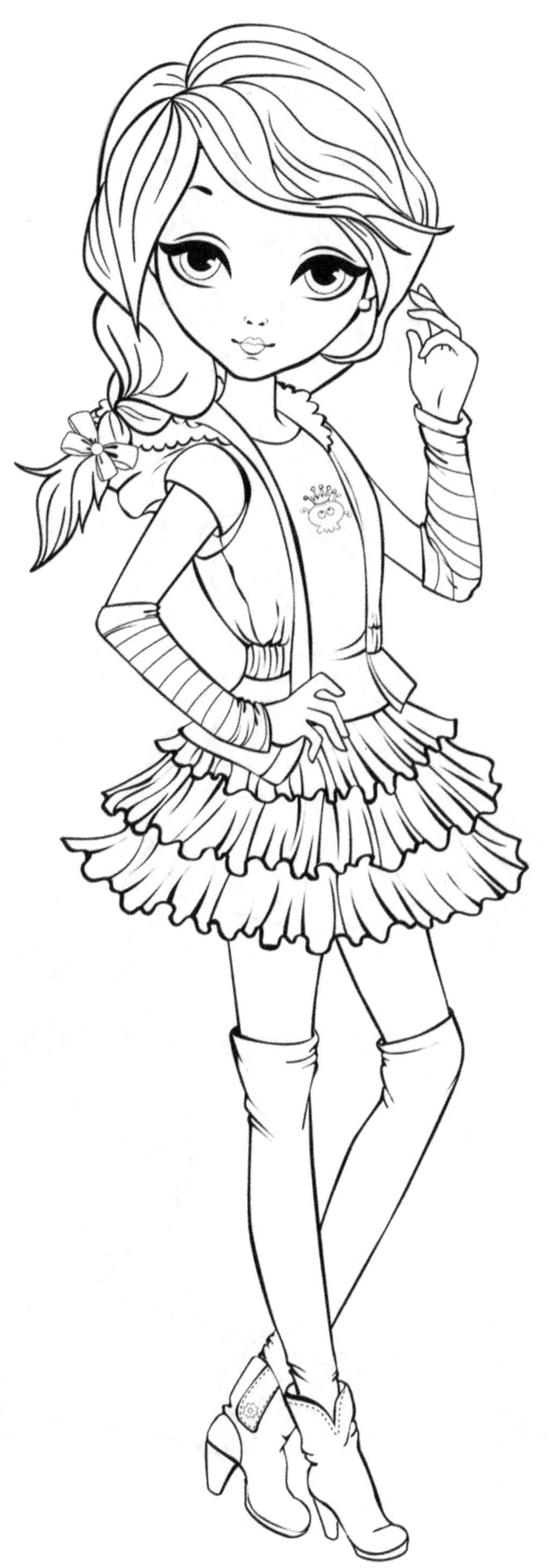

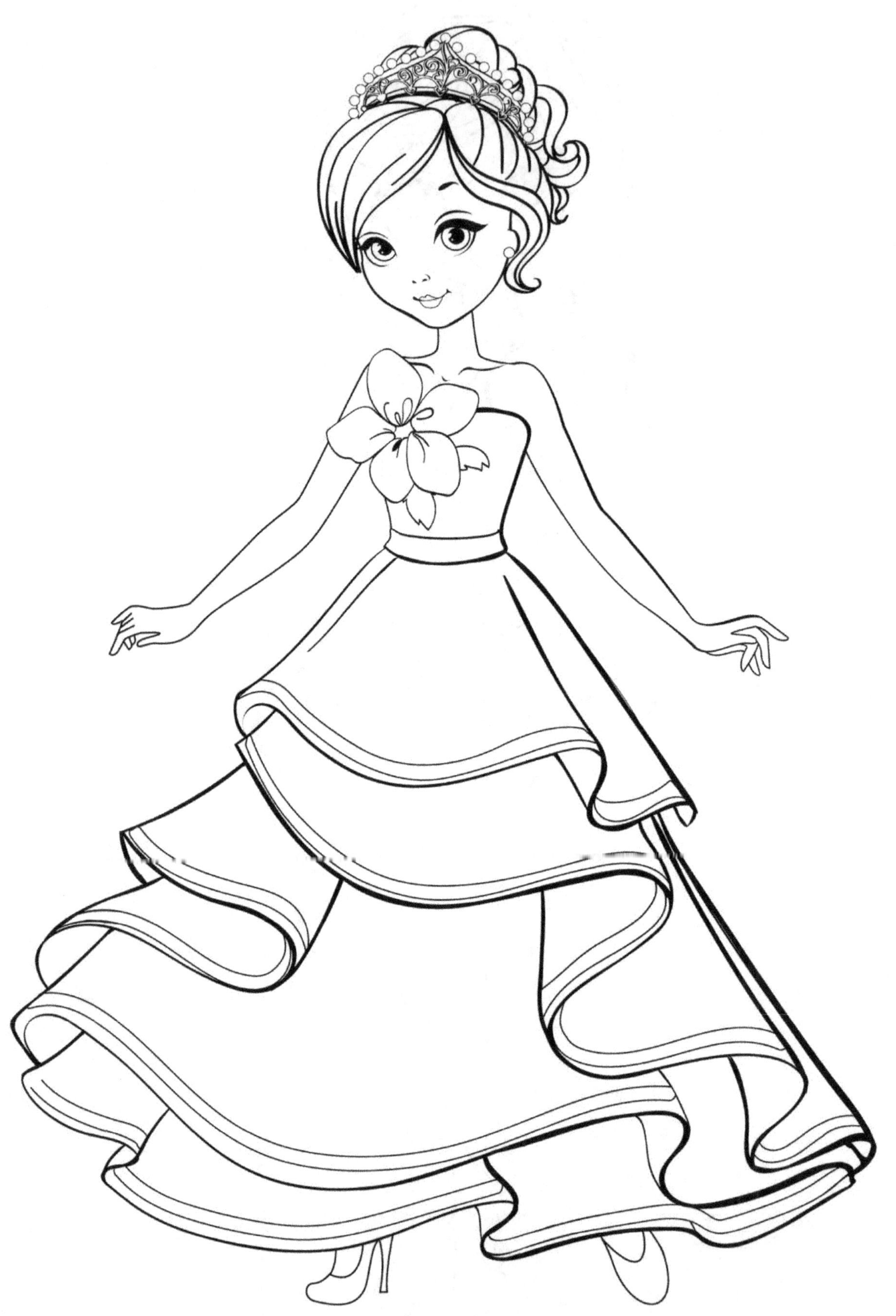

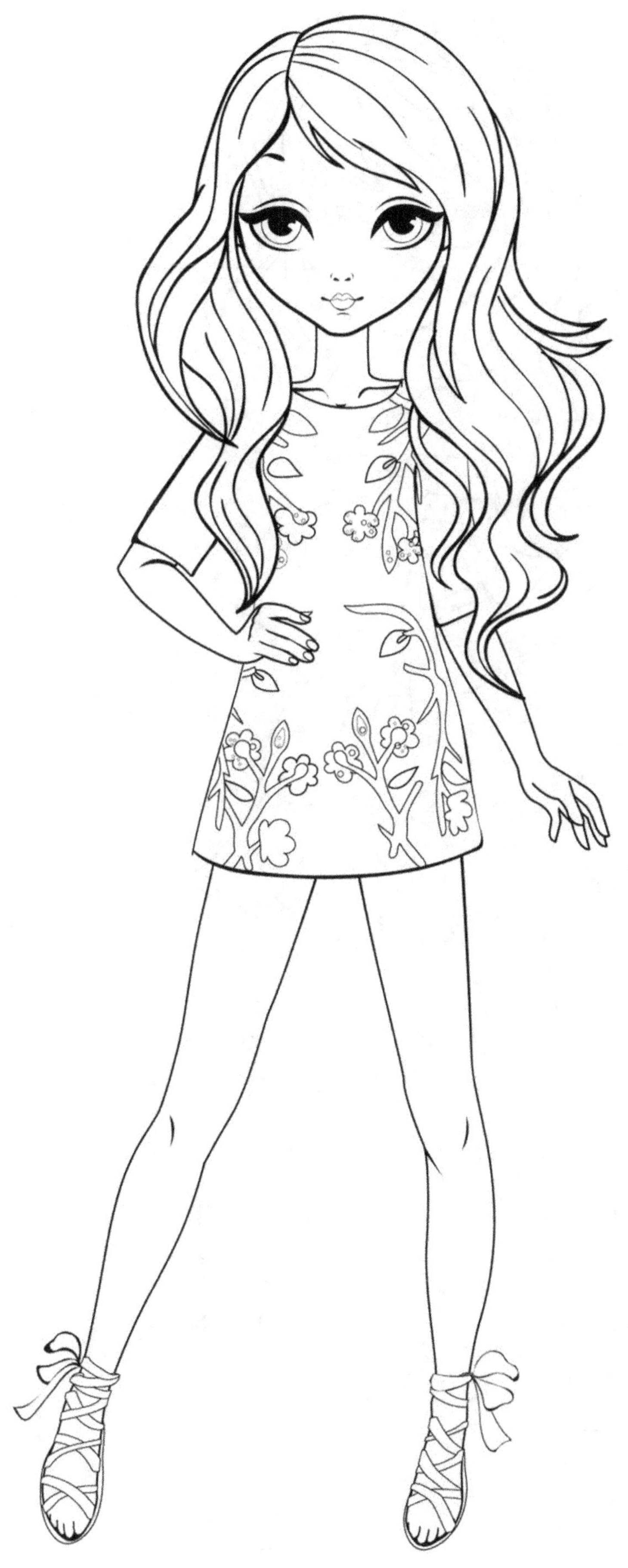

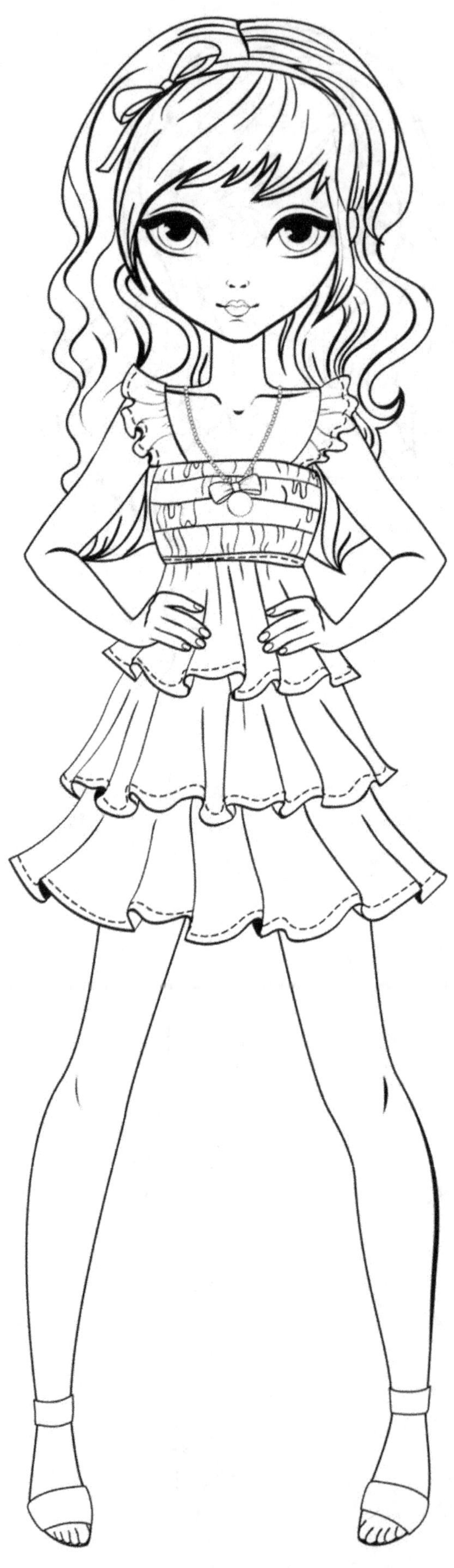

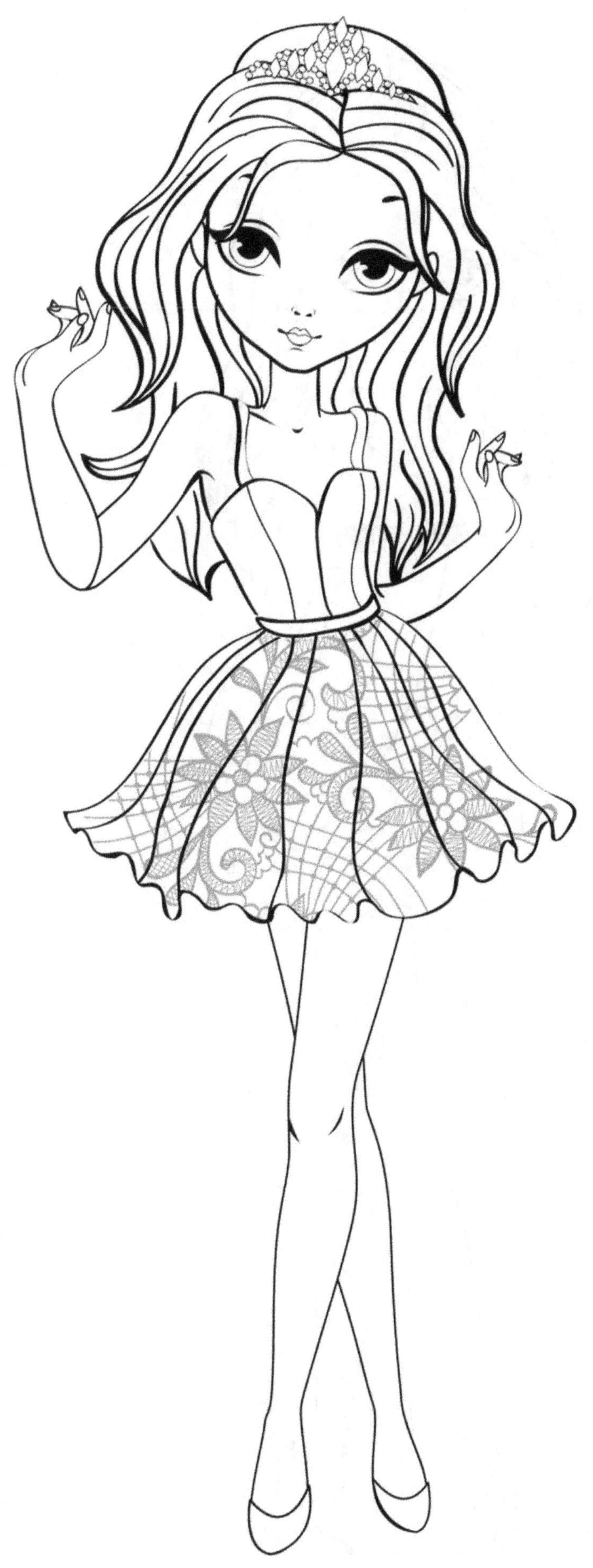

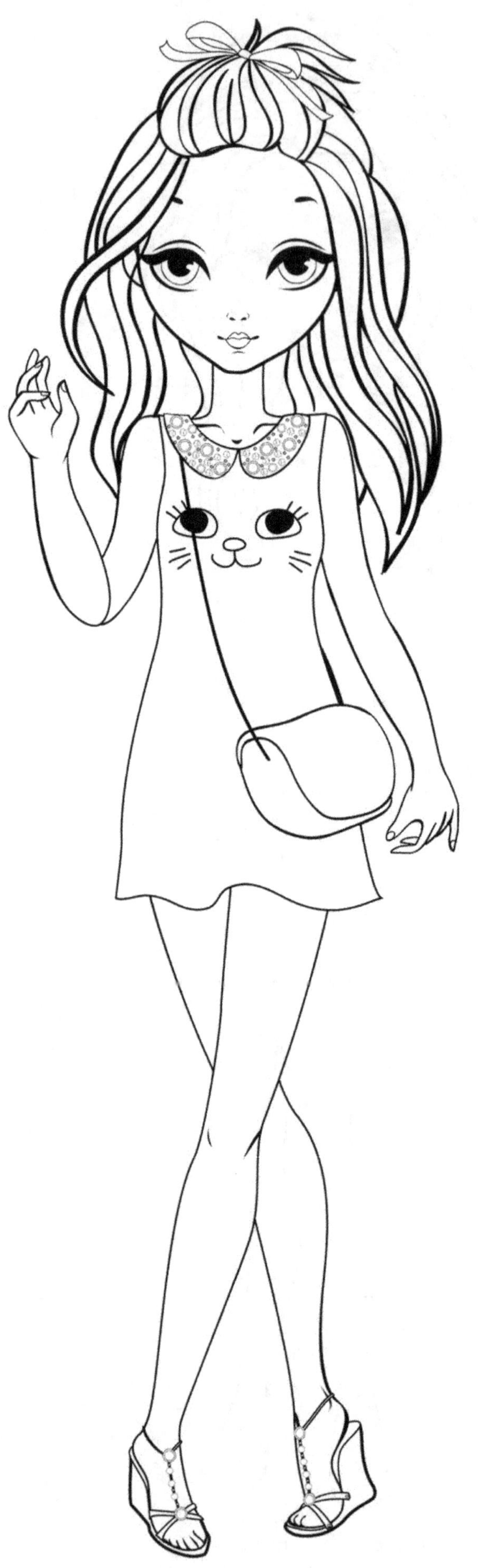

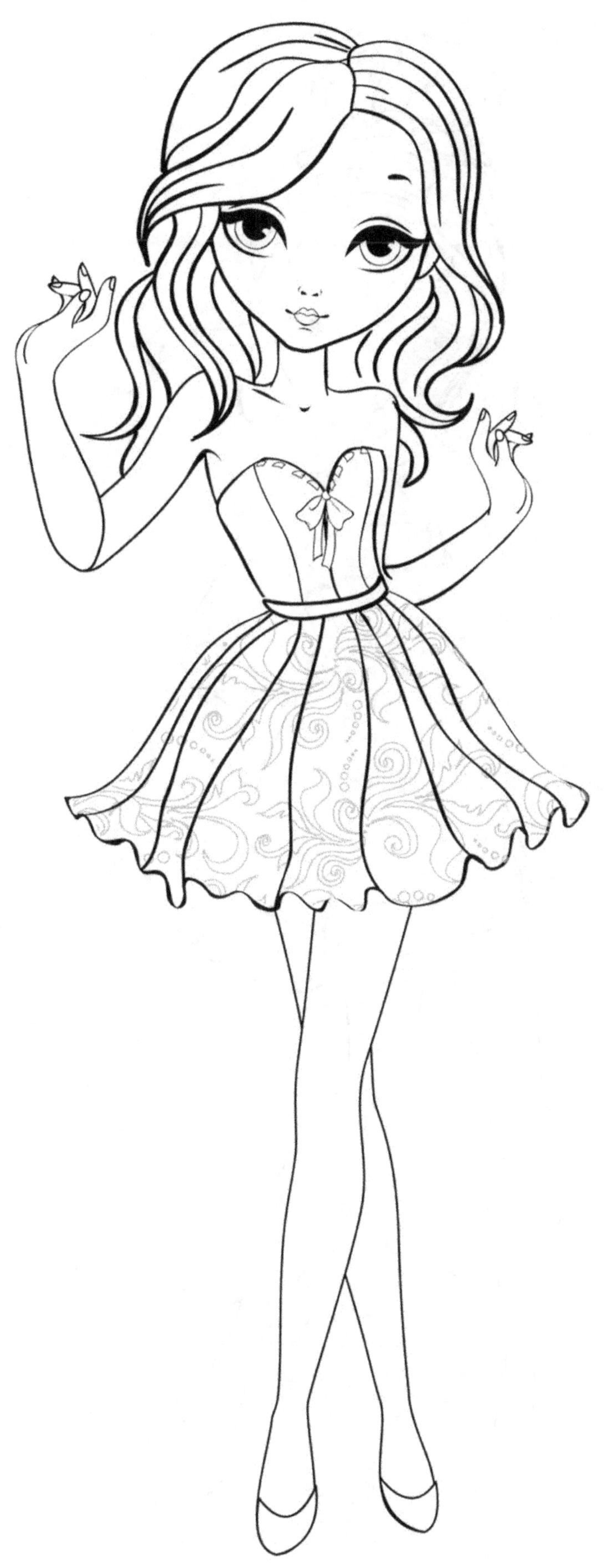

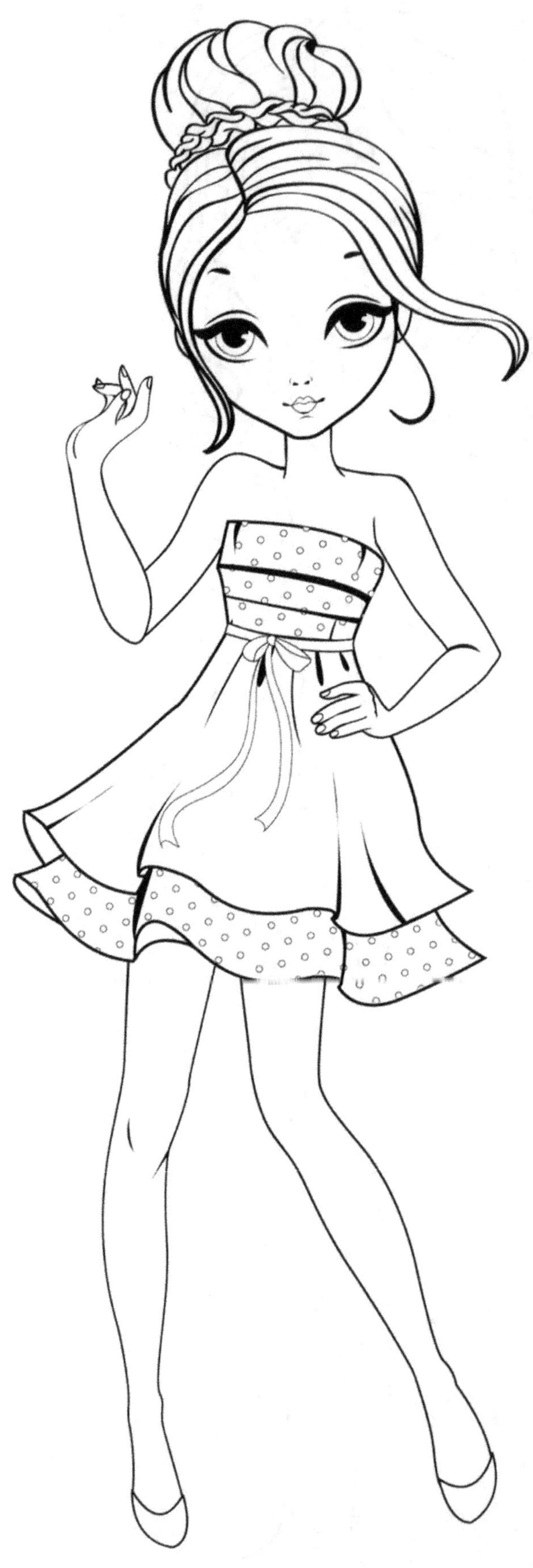

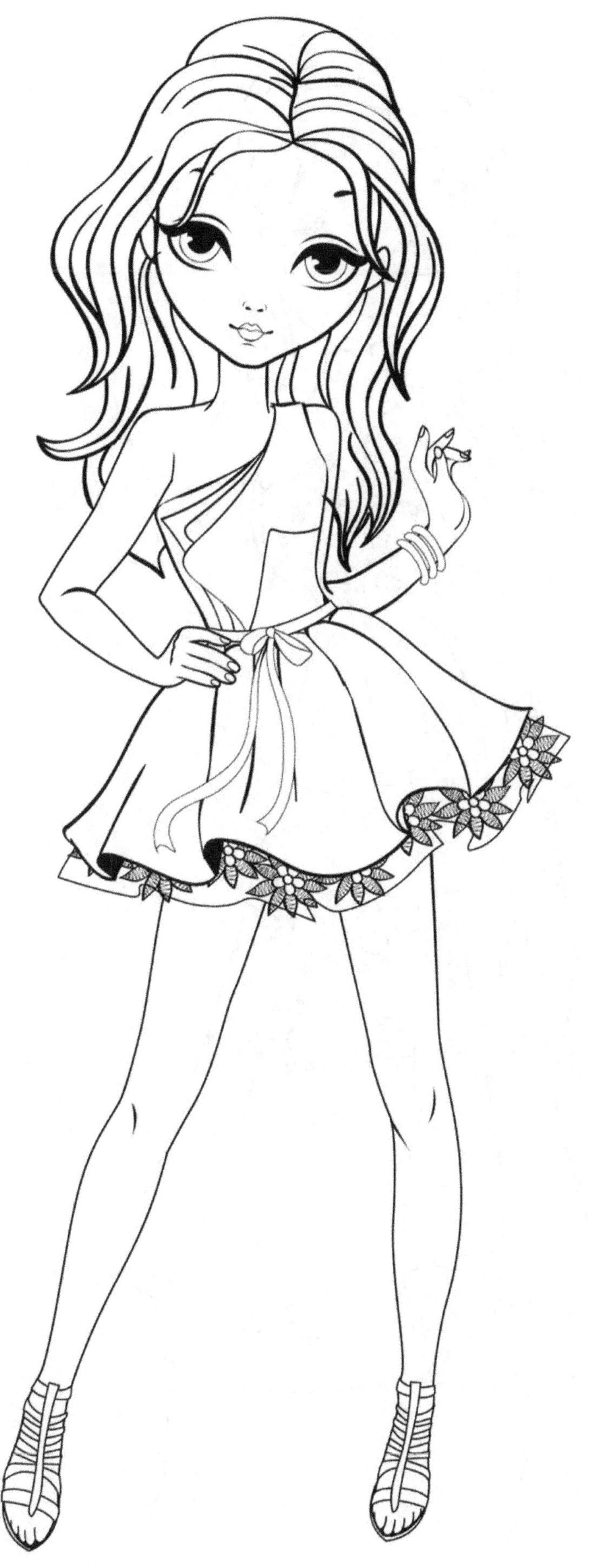

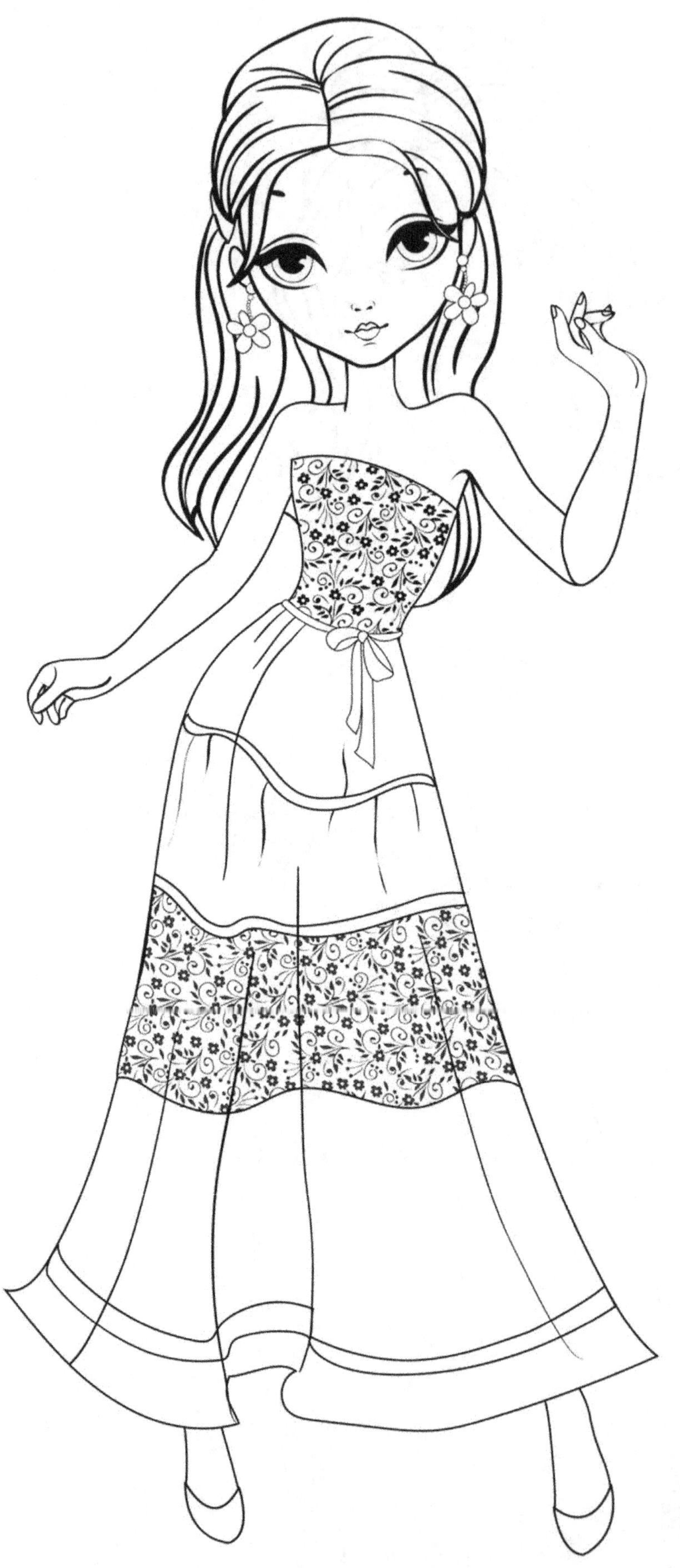

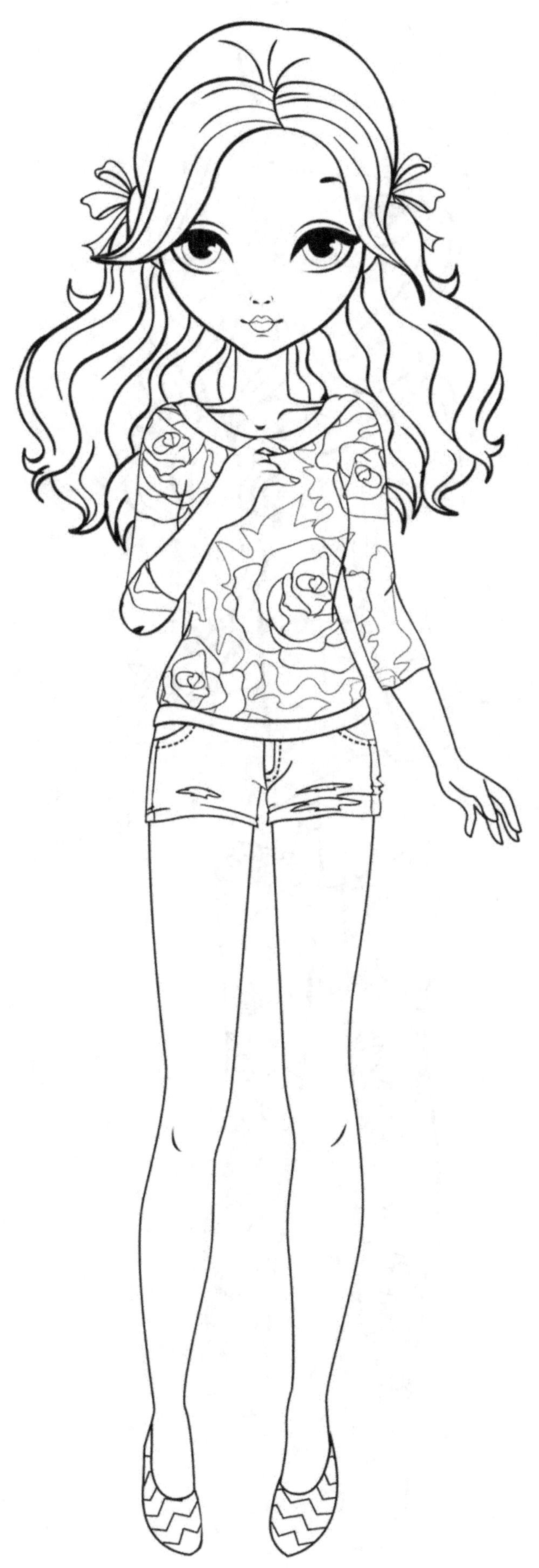

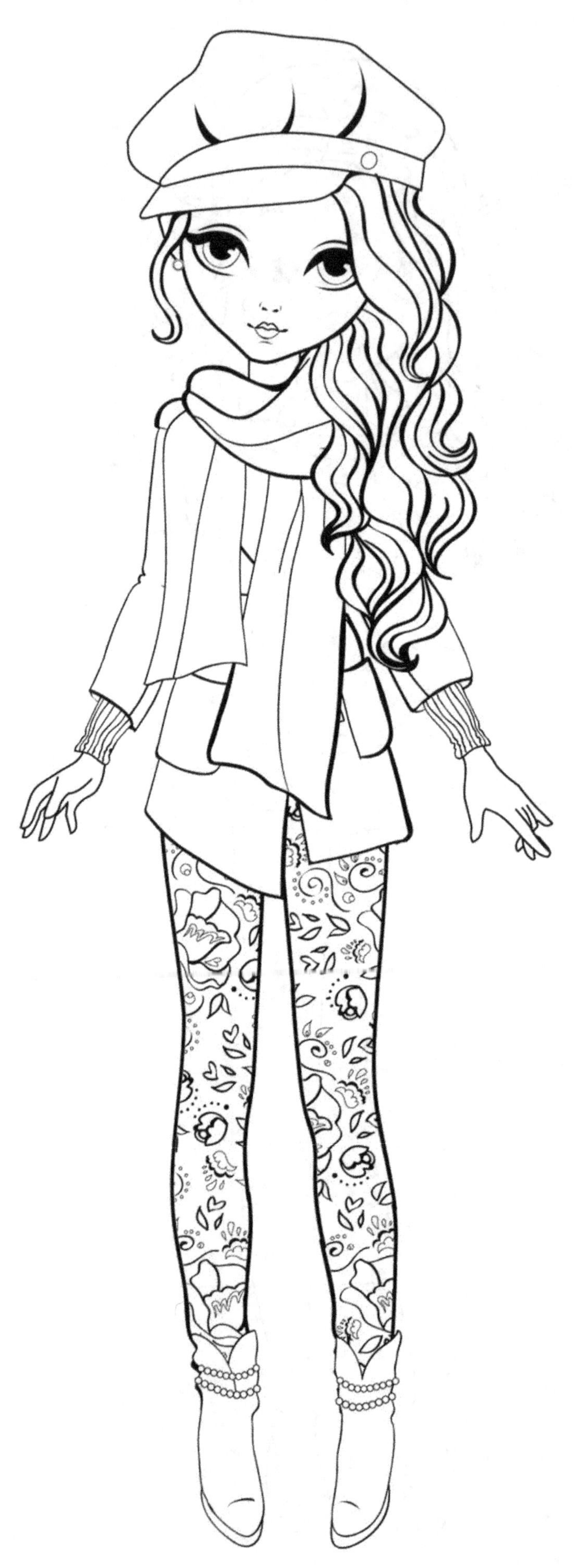

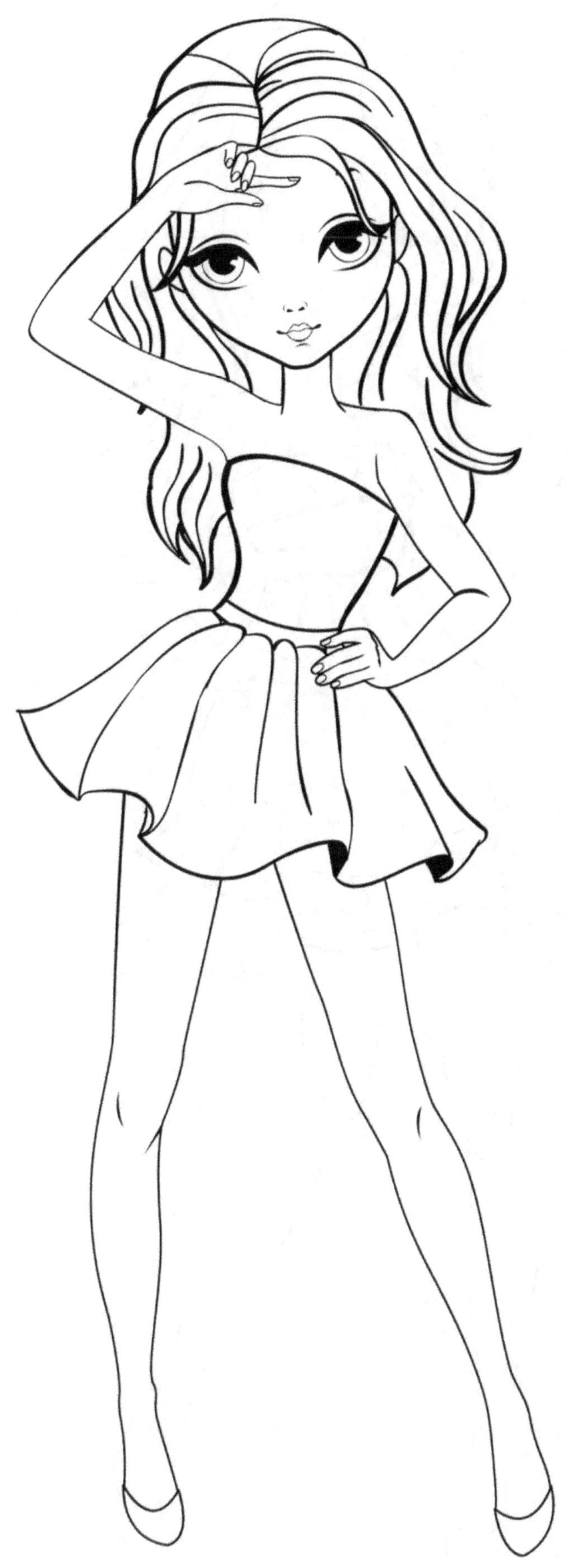

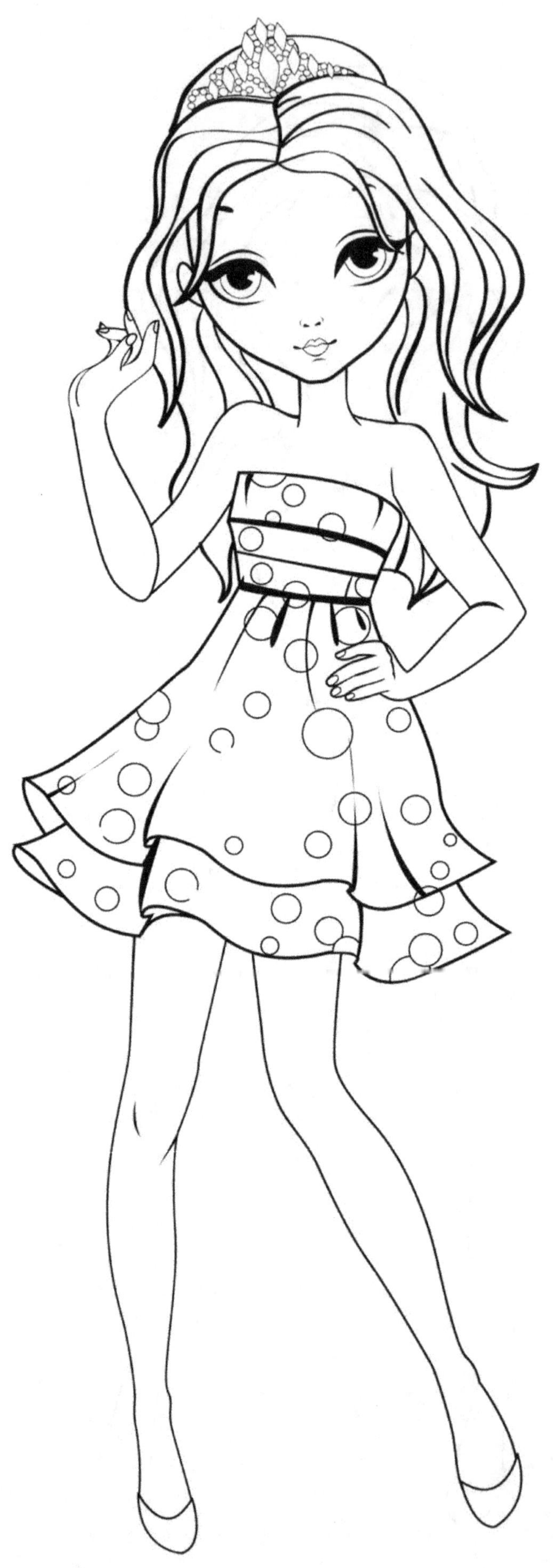

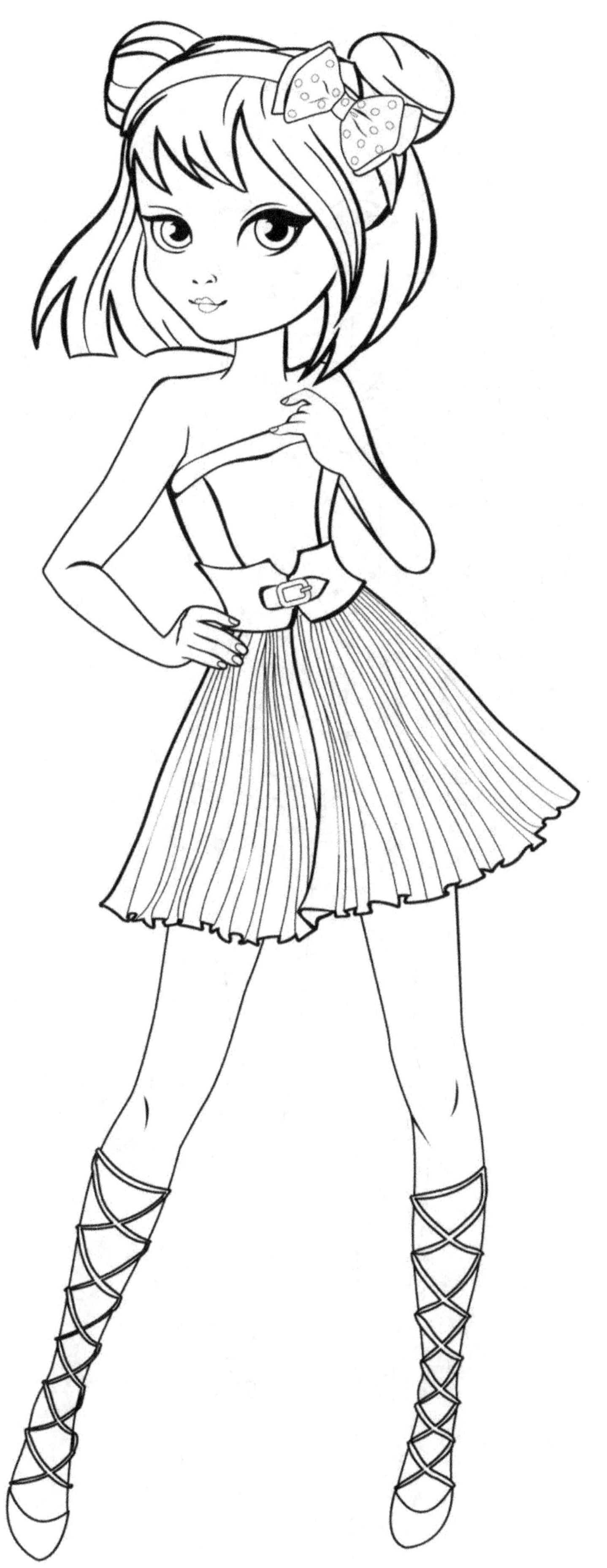

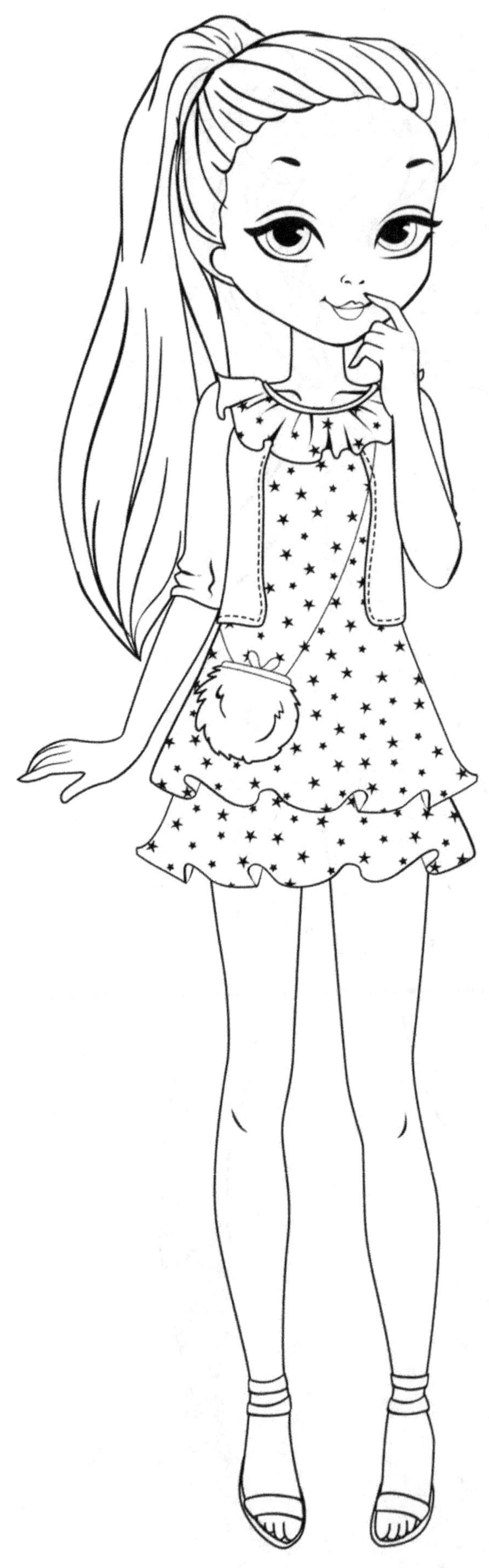

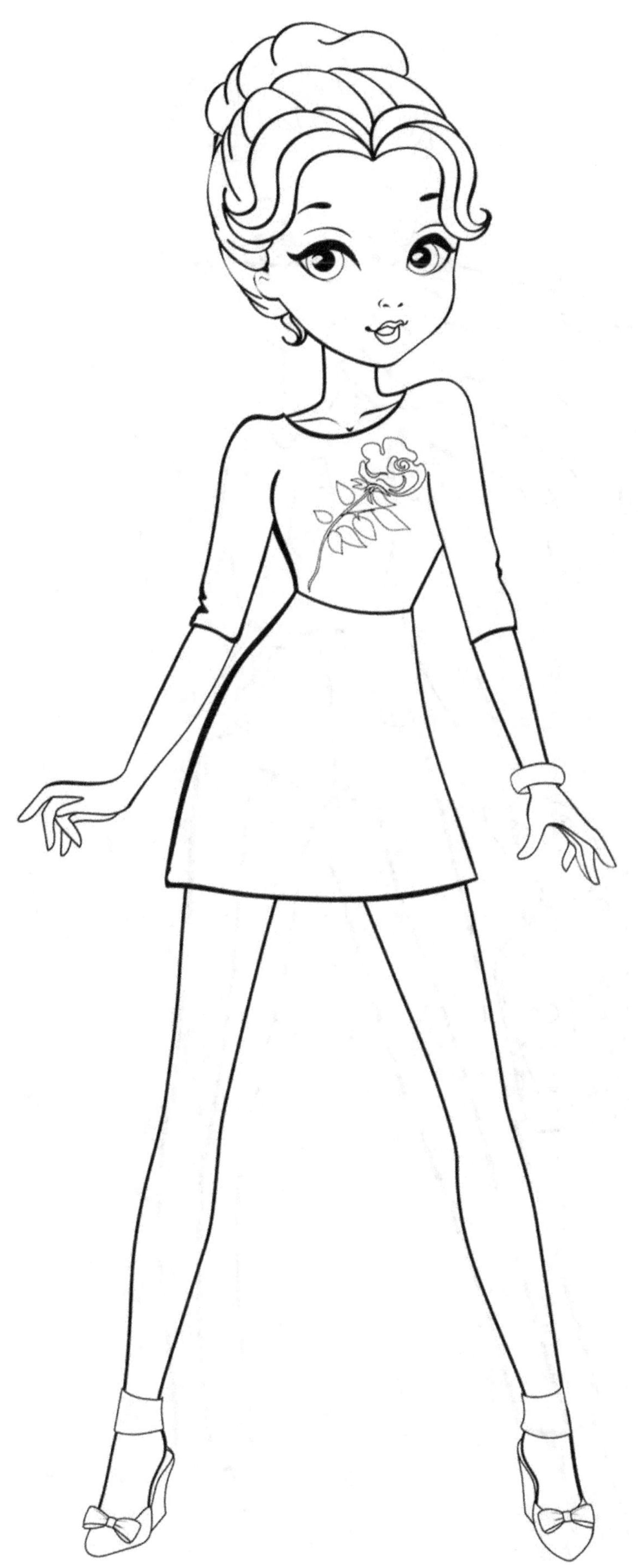

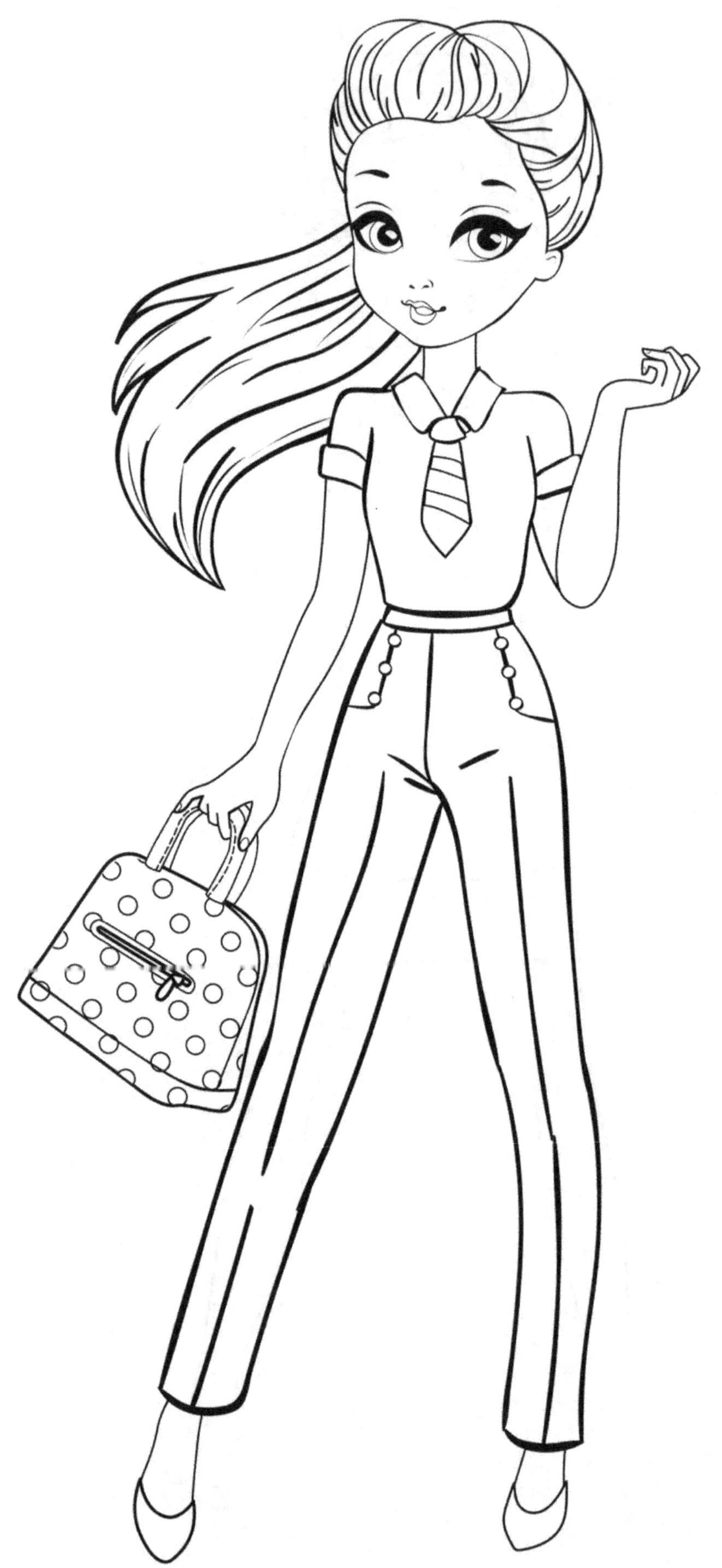

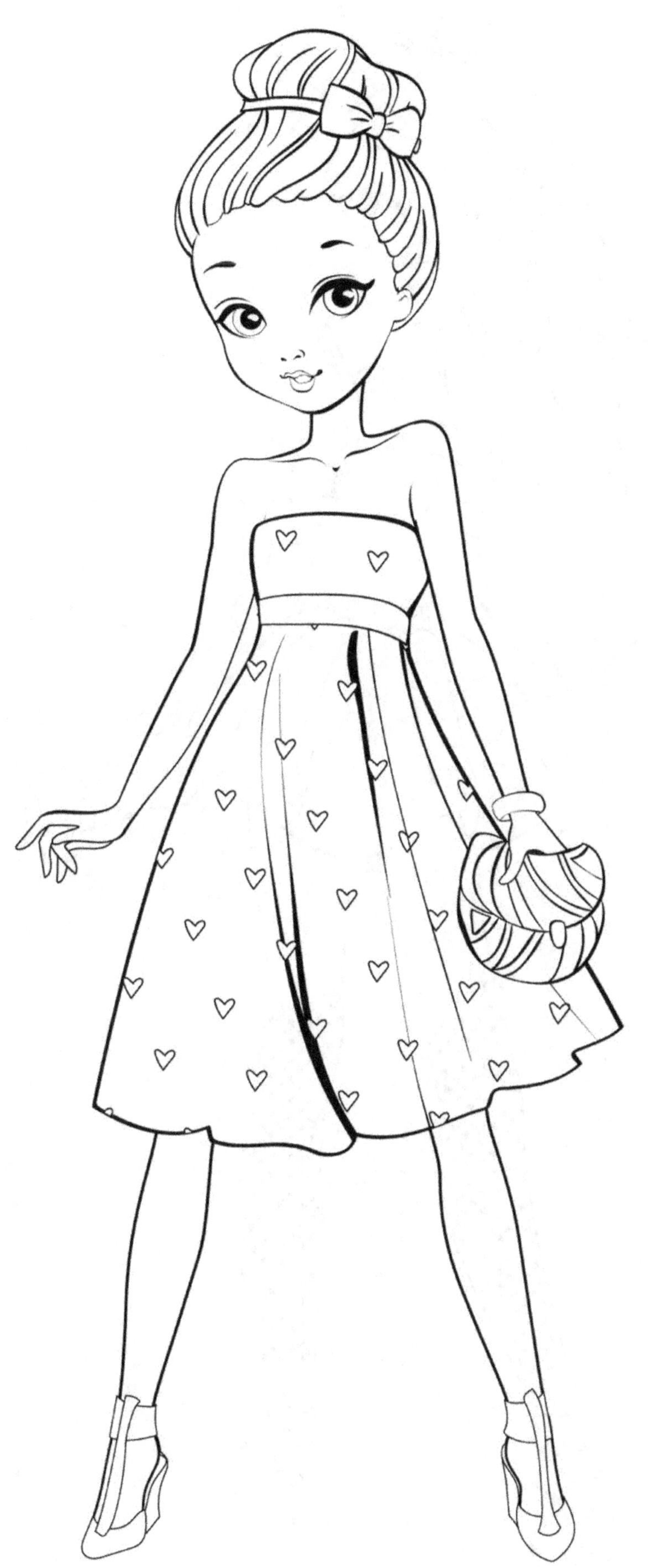

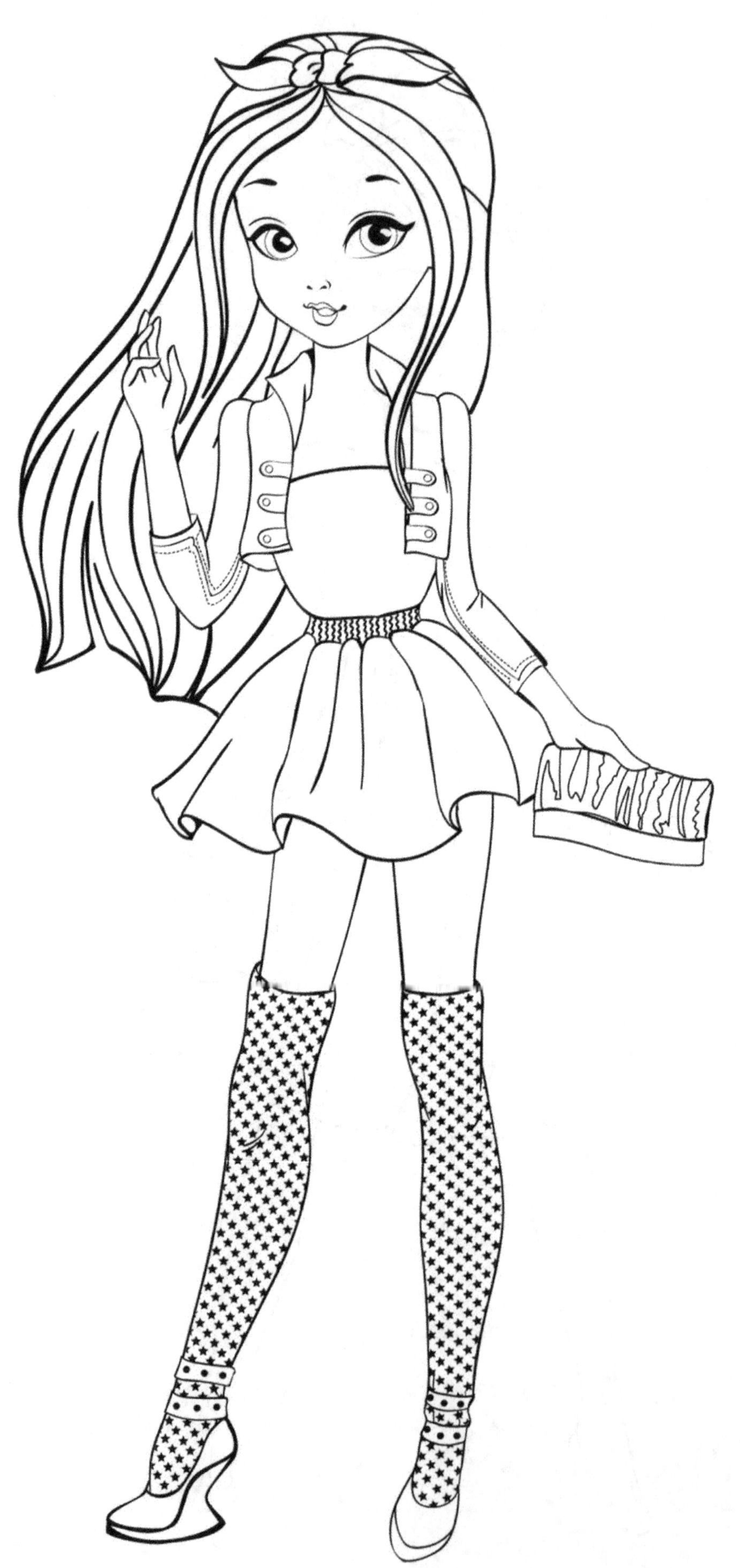

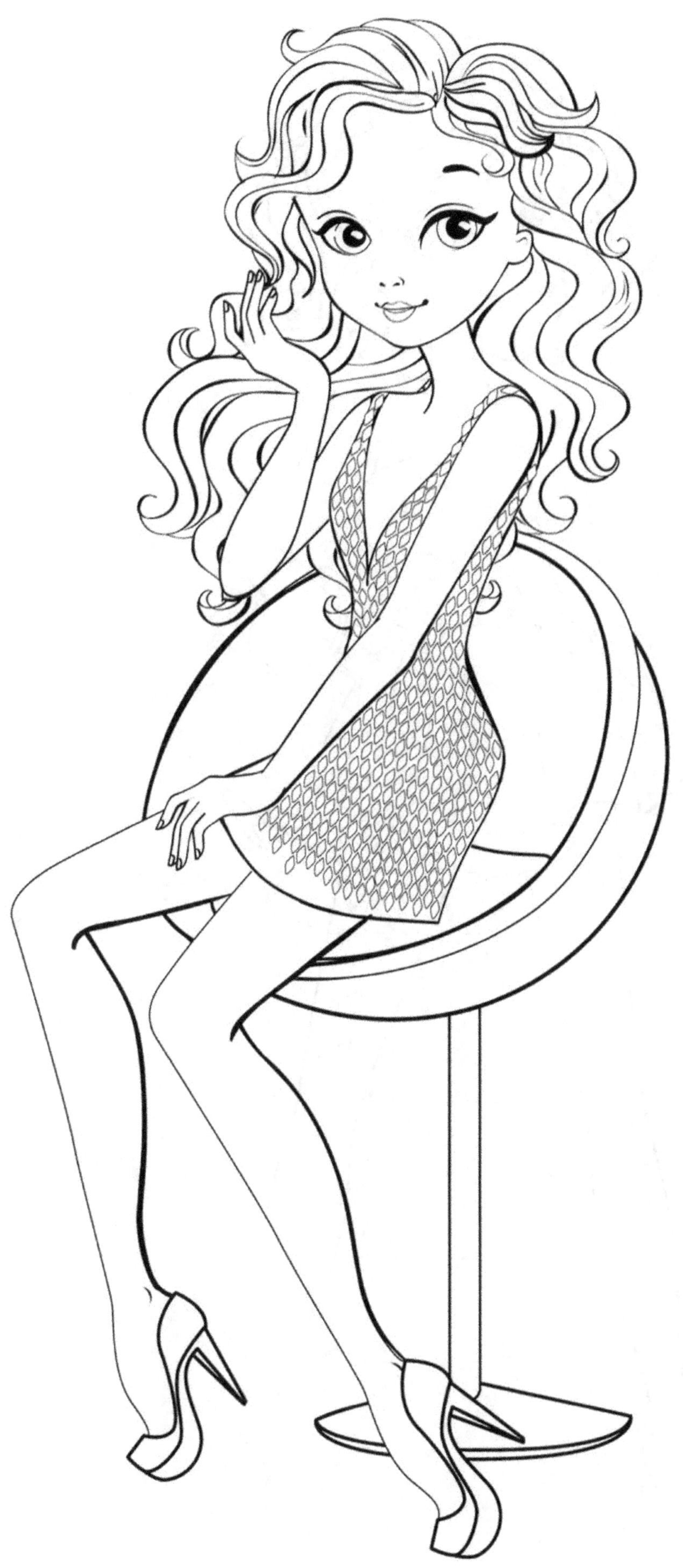

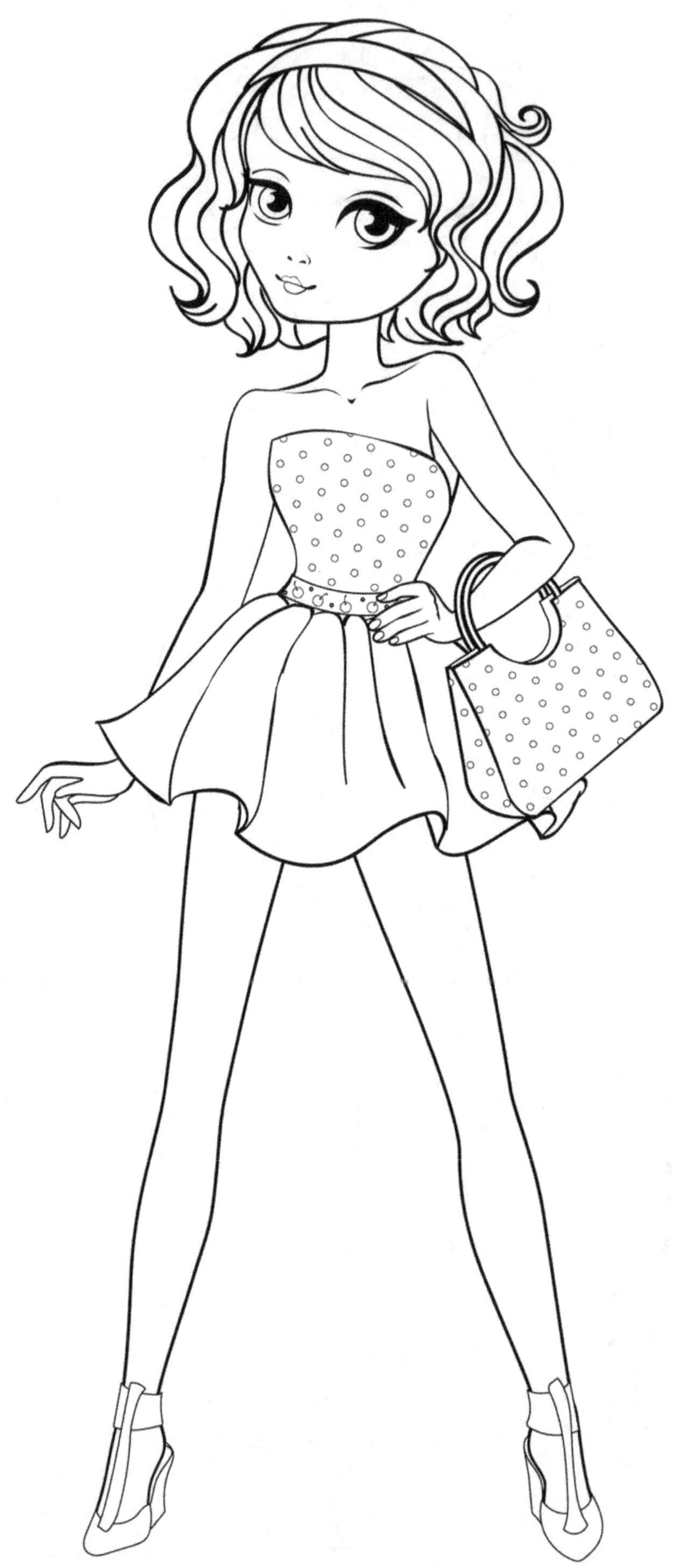

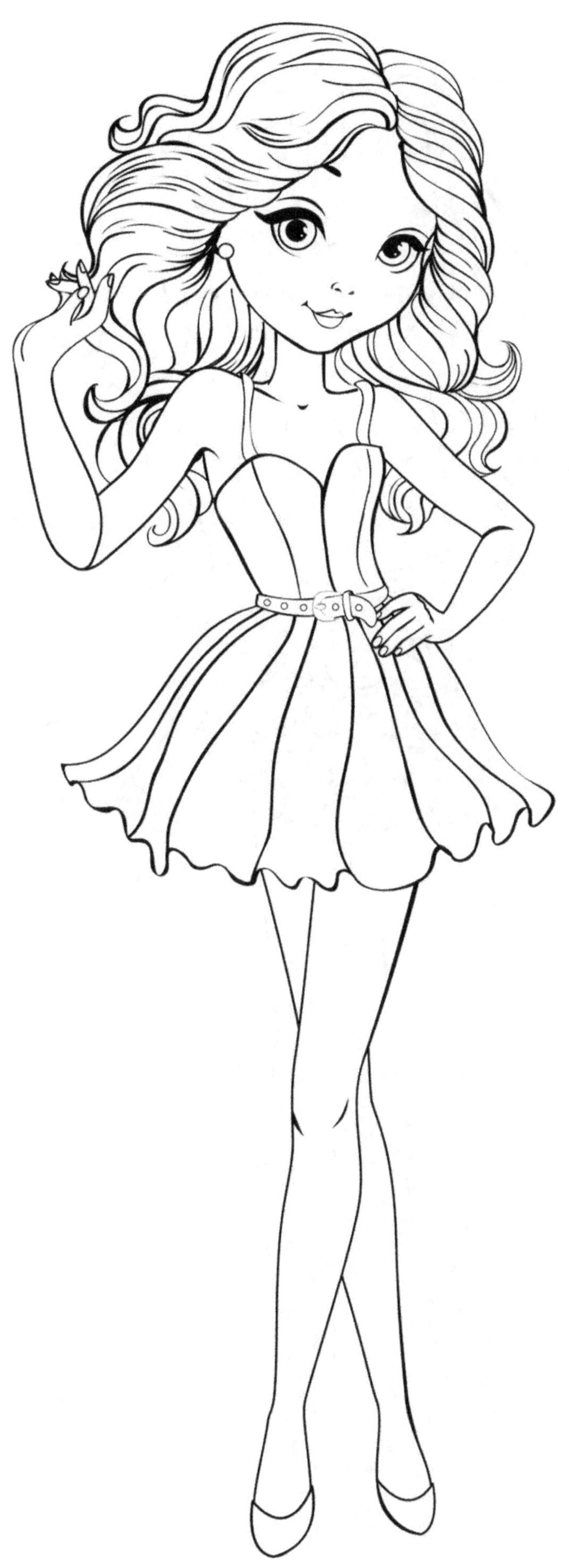

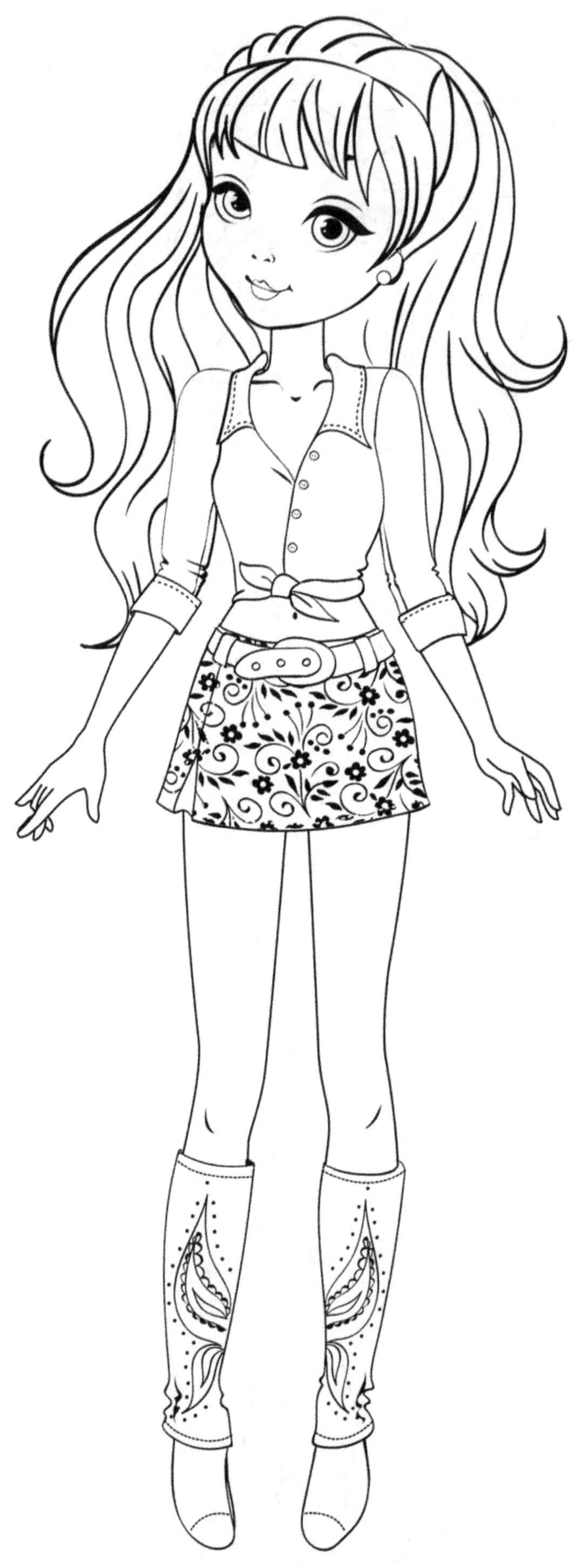

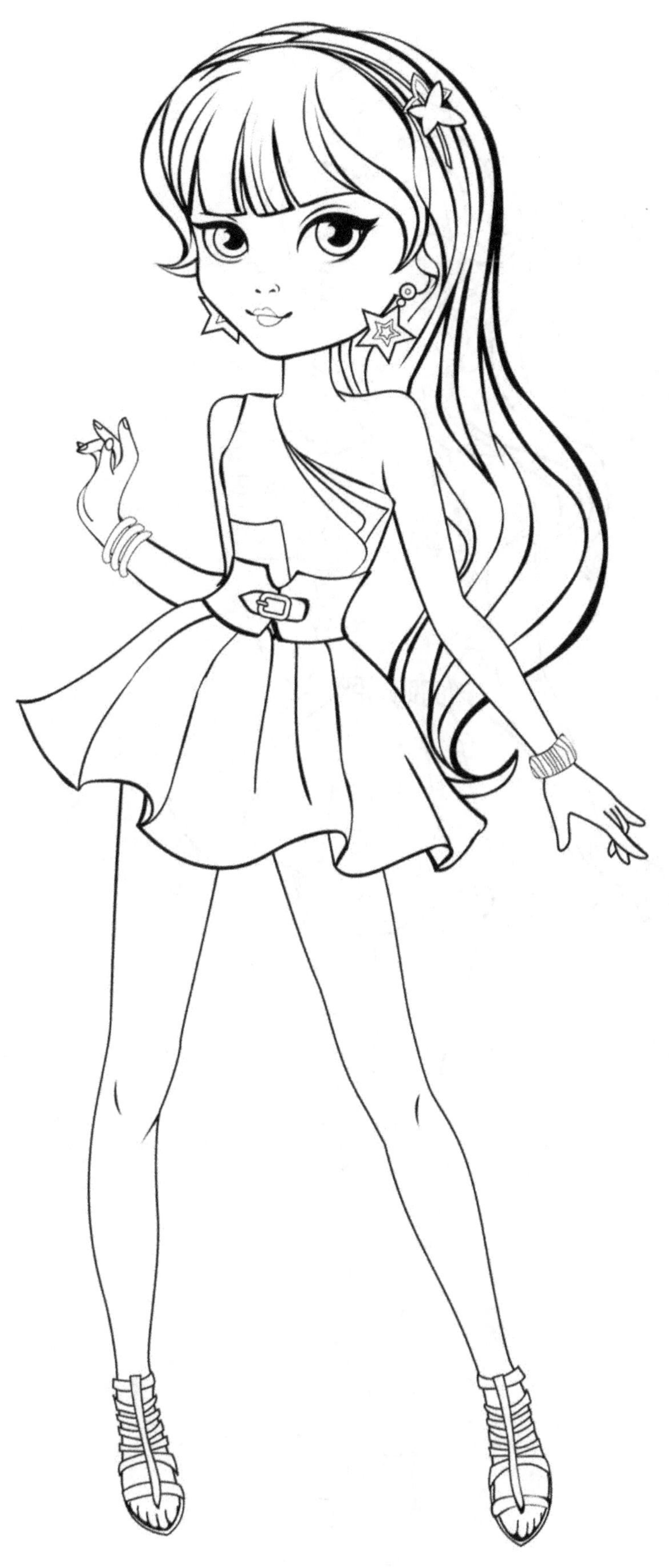

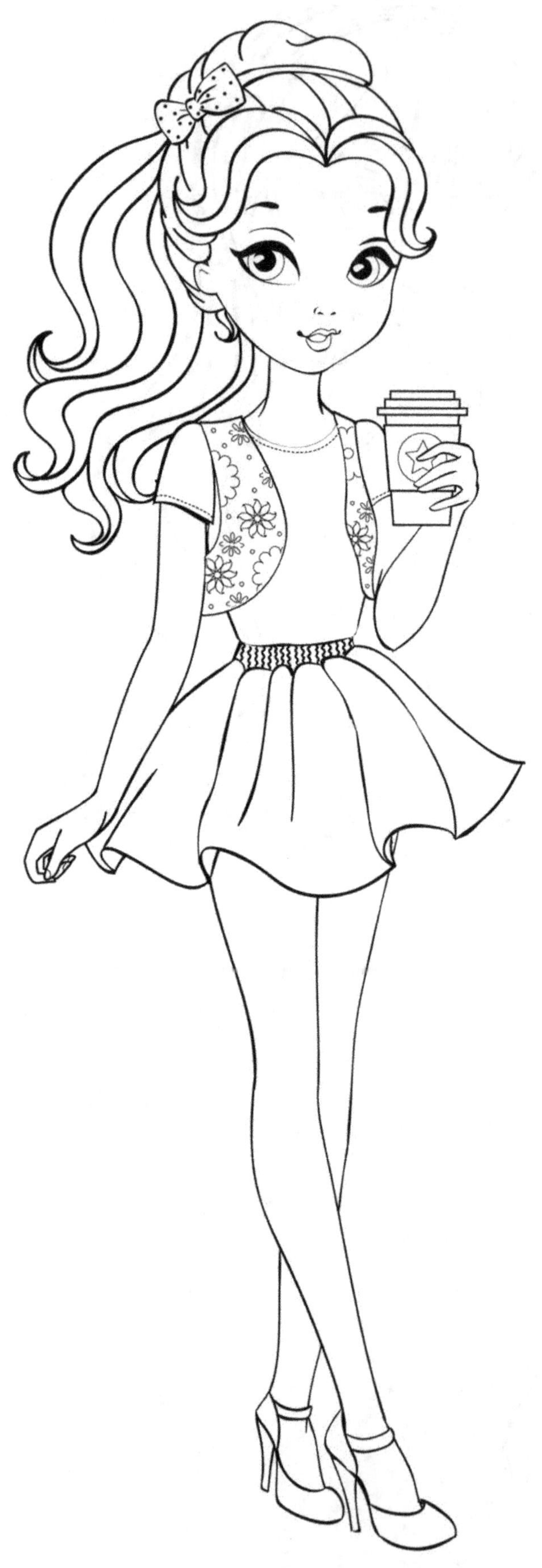

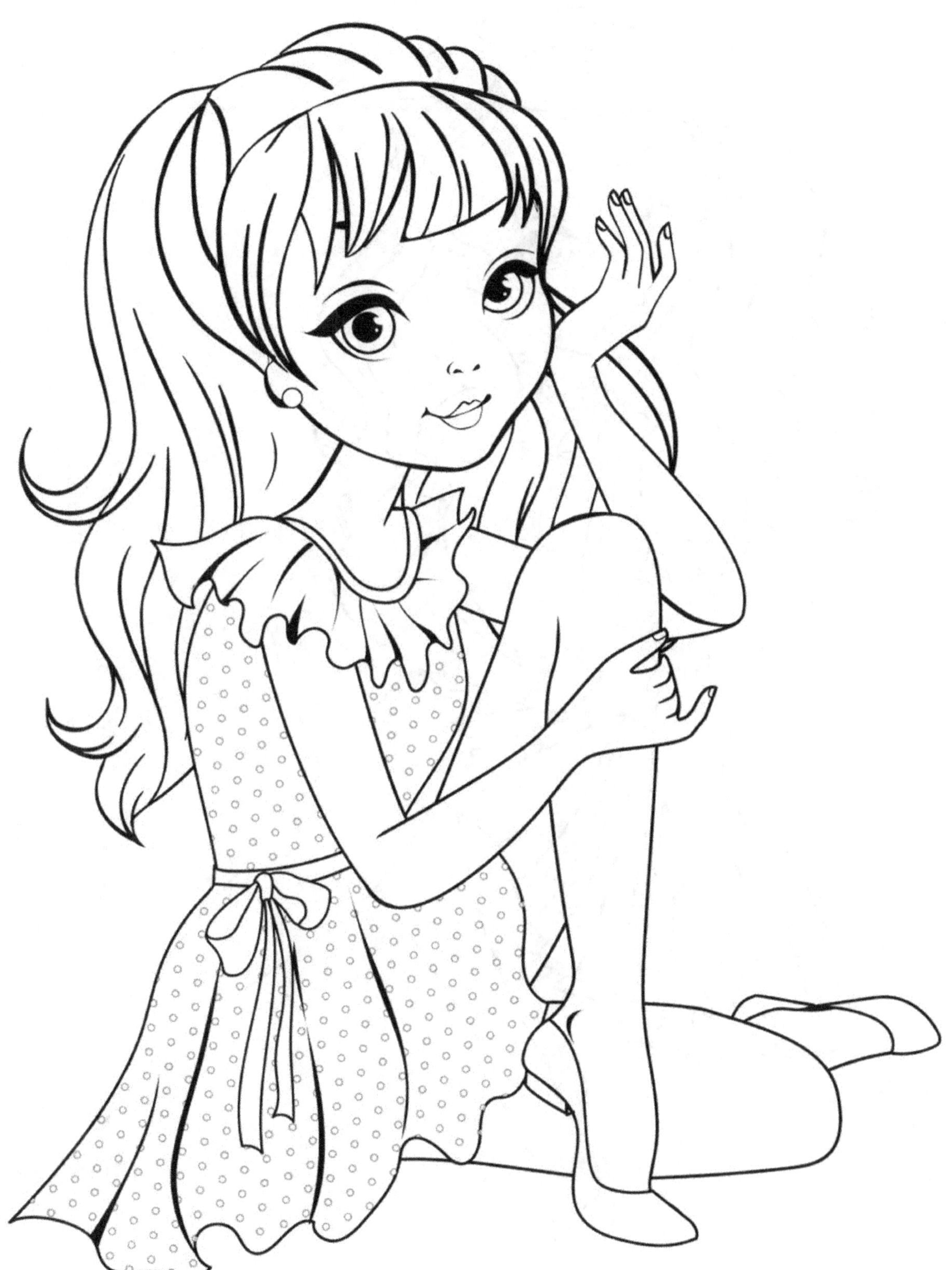

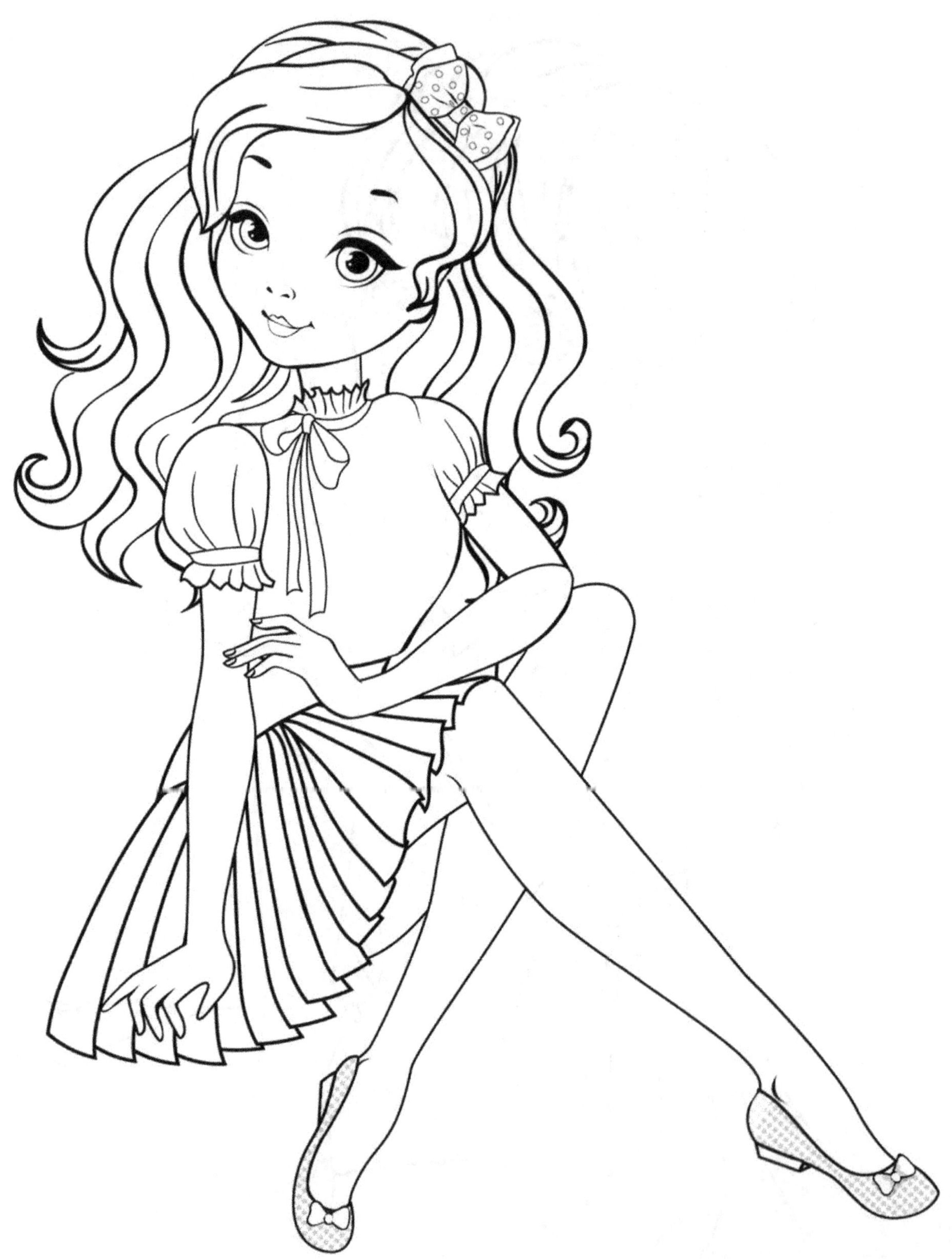

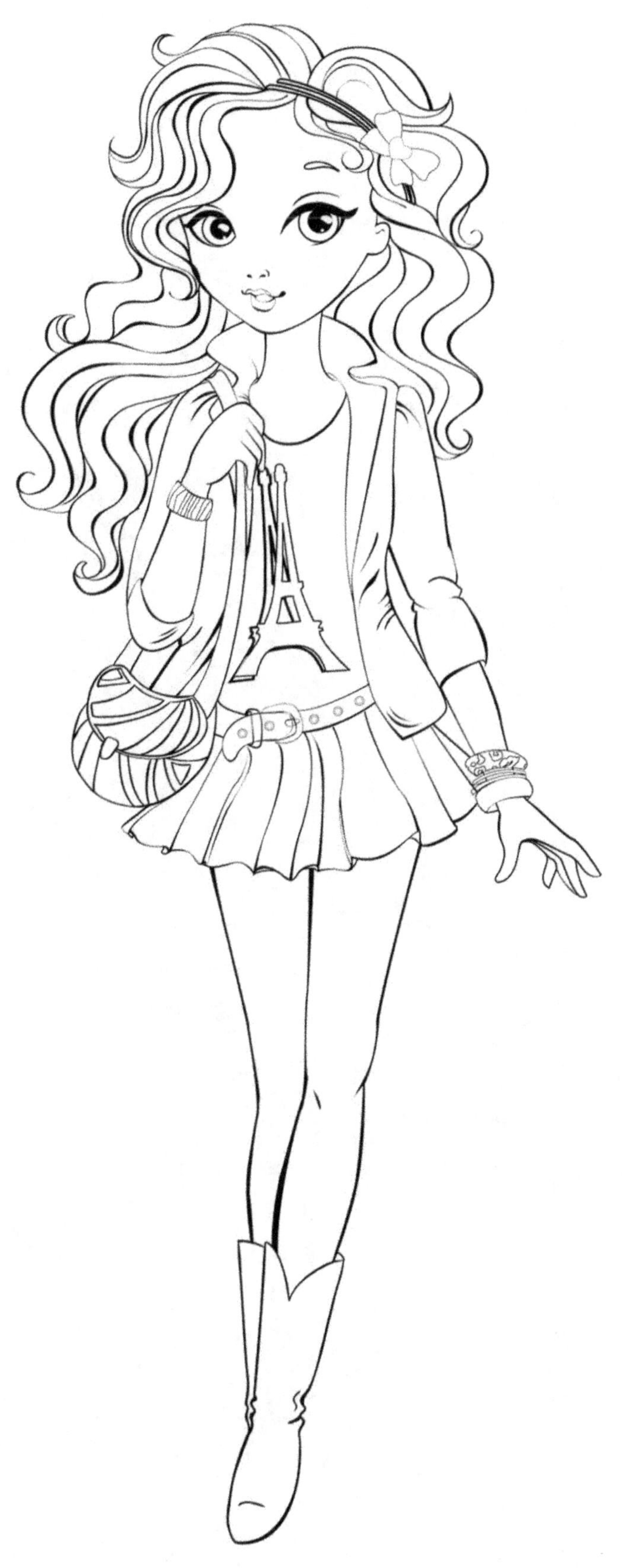